Dylan Watts
Gerhard Dollansky

I0468510

Vergiss das Verkaufen
2. überarbeitete Auflage

Dylan Watts
Gerhard Dollansky

Vergiss das Verkaufen

Watts, Dylan:
Vergiss das Verkaufen / Dylan Watts ; Gerhard Dollansky
2. überarb. Auflage - Taufkirchen : Georgi-Verlag 2016
ISBN 978-1530439232

© 2016 Dr. Gerhard Dollansky,
Im Mitterfeld 23, 82024 Taufkirchen, Deutschland
Alle Rechte vorbehalten

Umschlaggestaltung:	© 2016 Jens Wehde, www.wehde.de
Foto Seite 57:	© 2015 R. J. Johnson, www.PicsInTheMix.com
Foto Seite 59:	© 2015 Birgit Kritzer, Fotostudio KS 36, www.people-fotos.de

Printed by CreateSpace

ISBN 978-1530439232

Inhalt

Dank an alle Teilnehmer welche in den letzten 15 Jahren an Vergiss das Verkaufen Trainings teilgenommen haben und die uns auf unserem Weg des „People Growing" begleiten.

Danke an unsere Kinder Markus, Michele, Jacqueline, Alexander, Henrik und Luis, die uns immer wieder zeigen, dass Kinder die natürlichsten Verkäufer sind.

Danke an unseren Coach. Sein Glaube an uns hat dieses Buch und vieles mehr erst möglich gemacht.

An das Team von Sage University. An Sandra Jantzen und Klana Andrea Ludwig, die treibenden Kräfte bei der Neuauflage, die immer für uns da waren, wenn wir sie brauchten. An Jens Wehde für die Neugestaltung des Buchdesigns.

Vorwort

Im modernen Service-Zeitalter ist Verkaufen wichtiger denn je. Da die Ansprüche der Kunden erheblich gestiegen sind, hat sich auch der Verkaufsprozess selbst verändert. Kennen Sie die heutigen Regeln im Verkauf? Hier ein erster Hinweis: Produktkenntnisse und Verkaufstechniken sind nicht genug. Fast alle Bücher über Verkauf konzentrieren sich auf Verkaufstechniken. Dieses Buch jedoch spezialisiert sich auf den Umgang mit dem Menschen. Verkaufstrainings lehren typischerweise Techniken - zum Beispiel in der Kundengewinnung oder im Abschluss. Das Fundament dieses Buches ist die zwischenmenschliche Beziehung. Verkäufer lernen lieber Techniken, weil sie bequem und einfach anzuwenden sind. Aber nur wenige Menschen mögen es, wenn man Techniken bei ihnen anwendet. Es fühlt sich gekünstelt an, wenn ein Verkäufer seine alt bewährten Abschlusstechniken hervorkehrt. Es nimmt den Menschen ihre Würde. Niemand möchte von jemandem, der „sein Ding abzieht", manipuliert werden. Die meisten Menschen fühlen sich abgestoßen, wenn Verkäufer Druck machen. Angezogen werden sie von Beratern und Coachs, die echtes Interesse an den Wünschen ihrer Kunden haben. Verkauf ist die wichtigste Fähigkeit um Erfolg zu haben. Lernen Sie möglichst viele Techniken, aber behalten Sie dieses im Auge: Ultimatives Verkaufen ist die Fähigkeit, lebenslanges Vertrauen von Menschen zu erhalten, die Ihnen zu Ihrer Karriere verhelfen. In dem Moment, in dem Sie das Vertrauen besitzen, werden Sie verkaufen, selbst wenn Ihre Wettbewerber anderes oder besseres anbieten. Ihr Wort zu sein, ist wichtiger als das Richtige zu sagen. Produkte und Dienstleistungen verbessern sich laufend. Egal wie stark Sie an Ihr Produkt glauben, es gibt genügend Alternativen. Der Markt ist voll mit anderen Produkten und Dienstleistungen, die bereits das Vertrauen der Konsumenten besitzen. Die einzige variable Möglichkeit sind Sie selbst. Die Uhr der Wirtschaft tickt immer schneller. Vertiefte Menschenkenntnisse verschaffen Ihnen die berühmte Nasenlänge Vorsprung. Sie werden überrascht sein, wie Sie mit diesen innovativen Tipps das Vertrauen Ihrer Kunden gewinnen. Wir präsentieren hier die nächste Stufe in der Evolution der Geschäftsbeziehungen.

Wenn Sie täglich einen dieser innovativen Tipps lesen, werden Sie in weniger als einem Monat ein höheres Einkommen erreichen und damit auch eine größere berufliche Erfüllung. Wenden Sie die Informationen der folgenden Seiten in Ihrem Beruf an, dann erfahren Sie eine neue Sichtweise für das, was im professionellen Verkauf funktioniert und was nicht funktioniert. Dieses Buch beinhaltet nicht alle Antworten, aber es ist dazu entworfen, Sie aufzurütteln. Es soll Ihnen ermöglichen, die Fragen zu stellen, die Tiefe und Einfühlungsvermögen in den Verkaufsprozess bringen.

Branchenübergreifend haben wir sehr viel von unseren Kunden gelernt. Egal ob Einzelhändler, türkischer Gemüsegroßhändler, mittelständischer Automobilzulieferer oder Softwareunternehmen: Alle haben gemeinsam, dass die Menschen respektiert, geschätzt und anerkannt werden wollen.

Fortschritte in der Technologie haben jeden großen Wendepunkt in der Geschichte verursacht. Große Schlachten wurden durch immer bessere Waffen gewonnen. Überlegene Systeme überholen die veralteten. Niemand würde sich im Ernst nur mit einem Schwert ausgerüstet auf ein Schlachtfeld wagen. Bis jetzt erscheinen die meisten Verkäufer mit Techniken, die in den 50-iger Jahren des vergangenen Jahrhunderts erfunden wurden.

In Vergiss das Verkaufen, stellen wir einen mächtigen und neuen Weg des Denkens vor: das Denken in Systemen. Systemtheorie behandelt die Komplexität in Organisationen. Wer den ganzheitlichen Zusammenhang erkennt, wird mit Leichtigkeit die Menschen übertreffen, die sich auf das bloße Überleben konzentrieren. Dieses Buch zeigt Ihnen einen Weg, lang andauernde professionelle Freundschaften durch Bilden eines Netzwerkes zu erschaffen.

Der Einmalverkauf ist eine Illusion. Die meisten erfolgreichen Menschen werden zu einer unerschöpflichen Quelle für ihre Kunden. Einige Menschen haben eine spezielle Art, wirklich mit anderen verbunden zu sein. Gute soziale Fähigkeiten sind der Kern beim Aufbau von professionellen Beziehungen. Wenn Sie Ihre Coaching-Fähigkeiten in den Verkaufsprozess einbringen, werden Sie andere Menschen begeistern.

Seien Sie anziehend

Neugier bewegt Menschen. Wer sich manipuliert fühlt, geht in Abwehrstellung. Wenn Sie die Neugier Ihrer Kunden wecken, verkauft sich Ihr Produkt von selbst.

Mark Twain erzählt, wie Tom Sawyer die unangenehme Aufgabe bekam, einen Zaun zu streichen. Mit charmantem Witz ließ er jeden wissen, wie sehr er diese Strafarbeit liebte. Pfeifend und lachend zog er die Aufmerksamkeit seiner Freunde auf sich. Scheinbar widerwillig erlaubte er ihnen, an seiner Aufgabe teilzuhaben - aber erst nachdem sie für dieses Privileg bezahlt hatten.

Menschen sind von Natur aus neugierig. Wenn sie ehrliches Interesse an ihrer Person spüren, funkelt die bereits vorhandene Neugier auf. "Was ist Ihr Beruf?" oder "Wie verdienen Sie Ihren Lebensunterhalt?" Die meisten Menschen reden gerne über sich selbst. Hören Sie aufmerksam zu, wenn sie Ihnen erzählen, was ihnen wichtig ist. Dann warten Sie. Nach einer kleinen Pause wird Ihnen fast jeder die Frage stellen: "Und Sie, was machen Sie beruflich?"

Je größer Ihre Aufmerksamkeit, desto intensiver ist die Reaktion. Worte sind wichtig. Aber wirklich anziehend werden Sie durch Ihr Interesse an der Person. Erzeugen Sie Anziehung durch Ihre erhöhte Aufmerksamkeit.

Neugierde ist die stärkste Kraft in der Evolution. Jede Art, jede Spezies und jedes System, das sich jemals zu einer höheren Stufe entwickelte, erreichte dies durch Neugier. Der erste Schritt in der neuen Art des Verkaufens ist, für Ihre Produkte oder Ihre

Dienstleistungen Neugier zu wecken. Glaubwürdiges Interesse an Ihren Kunden ist ein erprobter Weg. Herkömmliches Verkaufen manipuliert. Die neue Art des Verkaufens verwendet Überraschung, um Kunden aufmerksam zu machen. Wenn Sie Menschen treffen und sich und Ihren Beruf vorstellen, so werden die meisten kaum reagieren. Aber diejenigen, die ein Interesse an dem haben, was Sie tun, werden aufmerksam. Automatisch haben Sie die interessierten Menschen eingeladen, sich Ihnen zu nähern. Erzeugen von Neugierde hilft Ihnen, die Menschen zu finden, die Sie und Ihr Produkt schätzen.

Die beste Art und Weise, eine anziehende Persönlichkeit zu entwickeln, ist einen Mentor zu finden, der einen guten Einfluss auf das Leben anderer hat. Wenn Sie das Glück haben, einen erfolgreichen Verkäufer mit diesem Talent zu treffen, so verbringen Sie Zeit mit ihm. Magneten werden stärker, wenn sie dem Feld eines stärkeren Magneten ausgesetzt sind.

Verkaufen Sie spielerisch

Die meisten Leute nehmen Verkaufen zu ernst. Sie haben Angst vor Ablehnung. Diese unbewusste Einstellung belastet den Kontakt zum Kunden. Machen Sie den Verkauf zu einem leichtherzigen Spiel, setzen Sie einen Akzent der Leichtigkeit. Wenn Sie Vergnügung ausstrahlen, entsteht ein ganz neuer Kundenkreis. Spiele sind purer Spaß. Ein gut entworfenes Spiel wird zum reinen Vergnügen. Während Sie spielen, lachen Sie natürlich und entspannen sich. Die Leute hören die Lebendigkeit in Ihrer Stimme. Ein echtes Spiel weckt Ihre kindliche Leichtigkeit. Ihre Augen strahlen und Ihr Gesicht wird weich.

Arbeit in Leichtigkeit umzuwandeln benötigt Disziplin. Es ist so bequem, ernst zu sein und Dinge zu problematisieren. Ziele können sich schnell in belastende Sorgen verwandeln. Das Element, das die Balance im Verkauf herstellt, heißt Spiel. Sie können lernen, zum Vergnügen zu arbeiten und für Geld zu spielen.

Es gibt verschiedene Spiele. Nullsummenspiele kennen keine Gewinner. Beide Seiten, Käufer und Verkäufer, verlieren. Einer übervorteilt den anderen und beide fühlen sich betrogen. Verlierer-Verlierer-Strategien sind im Verkauf die Regel.

Verlierer-Gewinner-Spiele sind ein bisschen besser. Ein Verkäufer überwindet die Einwände und gewinnt kurzfristig, aber langfristig leidet der Ruf des Produkts. Darüber hinaus: Alle Verkäufer kommen in Verruf, wenn jemand verliert.

Die besten Spiele basieren auf der Gewinner-Gewinner-Philosophie. Sie gewinnen, indem Sie anderen helfen zu gewinnen. Hier ist Strategie wichtiger als Taktik. Wir verbringen viel Zeit damit, um Situationen zu schaffen, in denen unsere Kunden mit uns gemeinsam gewinnen. Diese Zeit zahlt sich aus, da wir unsere Dienstleistung mit wenig oder keinem Widerstand erbringen können.

Wir haben in der Schule gelernt, andere zu besiegen, bessere Noten zu bekommen oder mehr Kompetenzen zu erwerben. Wettbewerb ist für unsere Entwicklung wichtig, aber Spitzenverkäufer entwickeln sich darüber hinaus. Sie entwerfen kooperative Systeme, in denen jeder einzelne vorwärtskommt.

Man braucht eine spezielle Reife, um beständig zu gewinnen, indem man anderen zum Gewinn verhilft. Lernen Sie die Strategien der Experten. Erstellen Sie eine Liste mit den besten Verkäufern, von denen Sie lernen können. Das ist einfach. Aber dann studieren und durchdringen Sie diese Techniken genau, bis Sie die gesamte Tragweite ihrer Vorgehensweise zu begreifen beginnen. Das kann Monate oder Jahre dauern. Sie werden staunen, wie lohnend sich das in Ihrem Leben auszahlen wird.

Machen Sie kleine Schritte

Anstatt Ihre Geschäfte mit Gewalt übers Knie zu brechen, werden Sie gelassen und lernen Sie, wie man langsam sein Netzwerk aufbaut. Sie bauen ein Geschäft, so wie Sie ein Kind groß ziehen: mit Geduld, Liebe und Hingabe. Ganz wenige kommen zu schnellem Reichtum. Tausende jagen den wenigen nach, in der Hoffnung, es ihnen gleich zu tun. Das ist ein großer Fehler. Stellen Sie sich vor, Sie geben Ihrem Kind mehr zu essen, damit es schneller wächst als die anderen Kinder. Jedes Wesen und auch jedes Projekt hat sein eigenes Wachstumsmuster, das nicht beschleunigt werden kann. Durch quantitatives Denken bläht sich Ihr Terminkalender. Qualitatives Denken erlaubt Ihnen, sich an Ihrer Karriere zu erfreuen. Bilden Sie Beziehungen schnell, so enden sie schnell. Was langsam wächst, entwickelt starke Wurzeln. Sorgsam gehegte Beziehungen halten ein Leben lang. So wird der Verkauf zum Nebenprodukt einer professionellen Freundschaft.

Es tut weh, für jeden einzelnen Verkauf kämpfen zu müssen. Alte Sichtweisen betrachten Handel als Krieg. Druck ist allgegenwärtig. Verkauf in der neuen Dienstleistungsökonomie gleicht der Landwirtschaft. Sie pflügen den Boden, Sie säen den Samen, Sie pflegen die Pflanzen und am Ende ernten Sie. Die Ergebnisse brauchen ihre Zeit, aber sie sind nachhaltig. Daraus entsteht Wohlstand.

Haben Sie keine Angst, in Ihrem Feld Unkraut zu jäten. Entfernen Sie die Kunden, die Sie herunter ziehen oder die Ihrem Ruf schaden. Sie verzichten auf einen Teil Ihres Einkommens, wenn Sie sich von Störenfrieden befreien. Aber es macht den Weg frei für ein starkes, gesundes Feld für die Zukunft. Weil die neue Art des Verkaufs komplex ist, braucht man länger, um sie zu erlernen. Beobachten Sie, wie Babys lernen. Sie experimentieren durch Bewegen der Finger und Zehen und sie greifen nach den Dingen, die sie haben wollen. Ihre Ausdauer ist erstaunlich. Eine Fähigkeit baut auf der anderen auf, bis das Kind sich voll bewegen kann. Es gibt eine organische Reihenfolge in diesem Lernprozess. Das Krabbeln kommt vor dem Gehen. Durch stetige kleine Fortschritte bilden Sie das Fundament für Ihre erfolgreiche Karriere.

Wenn Sie Ihre Verkäufe jede Woche um 1 % steigern, erhöhen Sie Ihren Umsatz um 50 % pro Jahr. Kleine Schritte erlauben Ihnen, zu lernen und Informationen aufzunehmen. Nehmen Sie sich die Zeit, Ihren besten Kunden einen überragenden Service zu bieten. Werden Sie bekannt für Ihre Zuverlässigkeit. Vertrauen ist die stärkste Kraft im Geschäftsleben. Indem Sie sich selbst nicht überfordern, bleiben Sie frisch und ausgeruht. Ihre Gelassenheit überzeugt die Menschen, auf die es ankommt. Lernen Sie von Hase und Igel. Das Rennen gewinnt nicht immer der Schnellere.

Gewinnen Sie durch Nachgeben

Im Verkauf ist Nachgeben die stärkste Kraft. Weise Frauen haben immer schon gewusst, dass beim Tanzen der Partner, der sich führen lässt, das Tempo bestimmt. Finden Sie heraus, wann Sie selbst führen und wann Sie folgen sollen. Stellen Sie sich ein Team mit 7 unnachgiebigen Starrköpfen vor und einer nachgebenden Person. Die Starrköpfe stehen im Wettbewerb, aber sobald einer sich durchzusetzen droht, trifft er auf den Widerstand von 6 Gegnern. So ist jeder auf Verbündete angewiesen, um seine Ziele zu erreichen. Jeder der Starrköpfe wird die nachgiebige Person umwerben, um sie auf seine Seite zu ziehen. Es gibt eine Zeit für Stärke und Kraft. Erfolg kommt zu dem, der zur richtigen Zeit sanft sein kann.

Finden Sie einen Partner für folgendes Experiment: Stellen Sie sich Rücken an Rücken und drücken Sie gegeneinander. Jeder versucht, den anderen zu dominieren und zu kontrollieren. Nach kurzem Kräftemessen, fangen Sie an, langsam und kontrolliert nachzugeben. Lassen Sie sich schieben, bis Ihr Partner Sie am Ende fast gegen eine Wand drückt. Sie müssen zwangsläufig zu einer Seite ausweichen. Natürlich wird der andere Ihnen folgen. In diesem Moment, wird Ihr Körper spüren, wie Nachgeben funktioniert. Derjenige, der nachgibt, bestimmt die Richtung, in die der Führende drückt.

Jeder will gehört werden. Wenn Sie sehr genau zuhören, gewinnen Sie die Treue von bedeutenden Menschen. Verkaufen heißt nicht, jemandem sein Produkt in den Hals zu stopfen. Modernes Verkaufen ist die kunstvolle Einladung an einen wunderbaren

Menschen, an Ihrem Geschäftsnetzwerk teilzuhaben. Schützen Sie Ihr Netzwerk wie Ihre Familie. Sie können diesen Grundsatz ohne weiteres im Verkauf beherzigen. Ihre Kunden sind nicht Ihre Gegner. Sie sind vertrauenswürdige Freunde, die Schutz und Anleitung brauchen. Ein guter Verkäufer hat einen Werkzeugkasten voller erprobter Techniken. Wenn Sie in unerwarteten Momenten nachgeben können, haben Sie ein zusätzliches Werkzeug, das viele nicht kennen. Verkaufen bedeutet, herauszufinden, was der Kunde braucht und ihm zu helfen, es zu bekommen. Indem wir Kundenwünschen nachgeben, werden wir zu einem bedeutenden Teil in ihrem Leben. Jeder kann Druck ausüben. Jedoch nur die wenigsten Verkäufer haben die Größe, den Kunden seinen Weg gehen zu lassen. Sprechen Sie eine klare Sprache. Wenn Sie bedrängt werden, halten Sie kraftvoll dagegen. Und dann lenken Sie kontrolliert ein, um Ihr Ergebnis zu erreichen.

Vergleichen Sie ein Auto, das nur vorwärts fahren kann mit einem Auto, das einen Vor- und Rückwärtsgang hat. Nachgeben verdoppelt Ihre Möglichkeiten und vervierfacht Ihren Vorteil im Verkaufsprozess.

Lehren Sie

Menschen lieben Seminare, als wertvolle Informationsquelle. Nehmen Sie jede Gelegenheit war, um eine Gruppe in allgemeinen Dingen oder über Ihr spezielles Produkt oder Ihre Dienstleistung zu unterrichten. Menschen misstrauen Verkäufern, aber sie vertrauen Lehrern. Wenn Sie schulen, erwerben Sie das Vertrauen Ihrer Schüler und gleichzeitig geben Sie ihnen nützliche Informationen. Die neue Dienstleistungsökonomie basiert auf persönlichem Erleben. Menschen wollen an Veranstaltungen teilnehmen, die ihr Leben verbessern. Die beste Ausbildung ist unterhaltsam. Menschen lernen am besten, indem sie Spaß haben. Tupperware löste eine Revolution aus, indem sie Hauspartys nutzte, um Küchenartikel zu verkaufen. Jetzt finden Computerfirmen und Autohändler neue Kunden und erhalten die Treue ihrer Stammkunden dadurch, dass sie ihnen unterhaltende und lehrreiche Veranstaltungen anbieten, wie beispielsweise Fortbildungen, Seminare, Symposien und Partys.

Bildung nimmt verschiedene Formen an. Der Coaching-Bereich verändert sich ständig. Menschen beschäftigen persönliche Trainer und professionelle Coachs, die ihnen behilflich sind, gute Entscheidungen zu treffen und sie für ihre Ergebnisse verantwortlich zu halten. Als professioneller Verkäufer sind Sie in einer hervorragenden Position, um auch Coaching anzubieten. Beteiligen Sie sich an den Weichenstellungen Ihrer Kunden. Bieten Sie Ihr spezielles Wissen als eine kostenlose Beratungsleistung an.

Sie brauchen keinen akademischen Grad. Ihre Erfahrungen sind einzigartig auf der Welt. Wir lernen von Arbeitern genau so viel wie von Professoren. Sie können Ihr Wissen über Computer, Musik, Natur oder andere Themen teilen, alles was Sie interessiert. Sehr oft lehren wir das, was wir selbst lernen wollen. Einer der besten Wege Ihren Verkauf zu verbessern ist, Verkaufskurse für Neulinge in diesem Beruf zu geben. Dies gibt Ihnen die Möglichkeiten grundlegende Basics zu wiederholen und zu üben. Das Wort Weiterbildung oder Bildung kommt aus dem althochdeutschen „biliden", was so viel heißt wie „einem Gegenstand Gestalt geben". Also eine Fähigkeit, die schon vorhanden war, hervortreten zu lassen. Das Interesse an anderen und an ihrer Entwicklung gewinnt diese Menschen und ihre lebenslange Freundschaft.

Unterhalten Sie Ihre Kunden

Bildung und Unterhaltung liegen dicht beieinander. Heutzutage sind die zwei miteinander verbunden. Die beste Bildung ist unterhaltsam. Die beste Unterhaltung bildet. Beides geht Hand in Hand. Menschen sind fürs Vergnügen gemacht. Sie fühlen sich zu Unterhaltung hingezogen. Wenn Sie die richtige Dosis Humor beim Verkauf einsetzen, bieten Sie Ihre Informationen in erfrischender Form an. Spaß lenkt die Aufmerksamkeit. Wir alle lieben die Menschen, die uns zum Lachen bringen. Freunde unterhalten Freunde und haben etwas füreinander übrig. Sie planen gemeinsame Veranstaltungen, sie teilen etwas, das weit über das aktuelle Geschäft hinausgeht. Bringen Sie Unterhaltung und Freundschaftspflege zusammen. Das bringt Qualitäten hervor, die viele nur noch aus ihrer Kindheit kennen. Jedes Kind ist ein natürlicher Unterhalter. Kinder proben nicht. Sie spielen einfach. Diese Spielfreude steckt jeden in einer positiven Weise an.

Die Medien fangen langsam an, den Unterhaltungswert in der Geschäftswelt wahrzunehmen. Früher wurden Filmstars und Sportidole als heldenhafte Vorbilder bewundert. Heute kommen die Helden auch aus dem Geschäftsleben. Moderne Geschäftsleute sind berühmt. Steve Jobs, Hasso Plattner, Mark Zuckerberg, Richard Branson oder Elon Musk sind berühmte Persönlichkeiten. Ihre Leistungen begeistern uns. Wir lesen und reden gern über sie.

Entertainer werden nicht geboren. Sie entwickeln die Fähigkeiten, andere Menschen zu unterhalten.

Am Humor erkennt man den Menschenkenner. Entertainer zielen nicht auf die Aufmerksamkeit anderer. Sie lenken ihre Aufmerksamkeit auf andere in einer Weise, die magnetisch wirkt. Ihre Aufmerksamkeit von Ihnen auf die Kunden zu lenken, ist ein wesentlicher Bestandteil im erfolgreichen Verkauf. Fernsehwerbung verkauft sich durch Unterhaltung. Die großen Sender wissen, dass Vergnügen und Verkauf sich gegenseitig fördern. Das Vergnügen an menschlichem Kontakt lässt sich mit der Werbung für Ihr Produkt oder Ihre Dienstleistung verbinden. Der sechste Sinn ist der Sinn für Humor. Machen Sie niemandem etwas vor. Seien Sie einfach glücklich. Lernen Sie, sich an anderen Menschen zu erfreuen. Sie sind ein warmer, freundlicher Mensch. Lassen Sie das jeden spüren.

Geben Sie einzigartige Geschenke

Wörter sind eine zweidimensionale Abbildung unserer Gefühle. Geschenke jedoch drücken unsere Gefühle in dreidimensionaler Form aus. Sie haben Tiefe. Es ist nicht das Geschenk an sich, es ist der Gedanke an den anderen. Ein Geschenk übermittelt Anerkennung. Menschen erfahren dadurch, dass Sie sich die Zeit genommen haben, über sie nachzudenken. Ihre Wahl von Größe, Farbe und Form hinterlässt Eindruck. Geschenke sind keine Tricks. Geschenke sprechen für sich. Sie bezeugen, dass sich jemand Gedanken gemacht hat. Menschen fühlen sich berührt. Ein gut überlegtes Geschenk zeigt, dass Sie einige Zeit und Aufmerksamkeit in den Kontakt stecken. Das beste Geschenk ist nicht die Karte mit dem Firmenlogo. Das beste Geschenk ist eine einzigartige, preiswerte Geste, die echte Gefühle und das persönliche Interesse an der Person ausdrückt.

Wir leben in zwei Wirtschaftssystemen. Das eine ist unsere „Geld-Gegen-Ware-Ökonomie". Wir tauschen Geld gegen Produkte und Dienstleistungen. Das andere ist die „Geschenk-Ökonomie", welche wir normalerweise nur mit der Familie und engen Freunden teilen. Setzen Sie ein Zeichen und verbinden Sie beide Systeme miteinander.

Geben Sie den Menschen Recht

Jeder hat eine Meinung. Hinter den Meinungen verbergen sich liebenswerte und warmherzige Menschen. Unsere Meinungen trennen uns voneinander. Menschen kleben an ihren Meinungen. Die meisten glauben, dass ihre Meinung etwas mit der Wirklichkeit zu tun hätte. Wenn Sie einer Meinung widersprechen, haben Sie Gelegenheit, die Ihre dagegen zu stellen. Indem Sie sich durchsetzen und Recht behalten, entfernen Sie sich von dem Menschen. Sie können entweder Recht haben oder Sie können reich sein. Beides gleichzeitig geht nicht. Sie können Ihre politische oder religiöse Einstellung gegenüber anderen verteidigen, aber nur auf Kosten von Vertrauen und Verbindung mit Ihrem Kunden. Es ist immer wieder spannend, wenn mir jemand seine Meinung mitteilt. „Interessant", sage ich, oder „von der Seite habe ich es noch nie betrachtet." Ich habe meine eigenen Sichtweisen, aber in einem Verkaufsgespräch ist kein Platz für meinen ganz persönlichen Standpunkt. Es hilft, Menschen zu mögen. Ob sie gut oder schlecht informiert sind, gebildet oder nicht, sie sind faszinierend. Ihre Meinung macht sie einzigartig. Es ist eigenartig und erschreckend, dass so viele Menschen eine falsche Vorstellung von der Welt haben. Stellen Sie sich vor, alle würden mir oder Ihnen Recht geben. Was wäre das für ein langweiliges Leben. Seien wir dankbar für ein bisschen Abwechslung da draußen. Ich versuche niemals jemandem zuzustimmen. Genauso versuche ich nicht zu kritisieren oder

Behauptungen zu bestreiten und ich gebe keine guten Ratschläge. Die Meinung eines Kunden gibt mir eine neue Sichtweise, das Leben zu sehen. Es ist ein Teil von ihm, genauso wie seine Arme und Beine. Seine Sichtweisen zu schätzen, öffnet eine neue Ebene der Kommunikation. In dem Moment, wo ich ihm seinen Standpunkt abkaufe, ist er normalerweise bereit, mir mein Produkt abzukaufen. Die besten Verkäufer haben einen kühlen Kopf und ein warmes Herz. Sie erkennen den Wert des Standpunkts eines anderen. Es gibt nichts Faszinierenderes, als jemandem zuzuhören, der seine Sicht des Lebens darlegt. Entziffern Sie seinen Geheimcode, dann erkennen Sie die Einladung zu Freundschaft und Business. Ein professioneller Verkäufer sucht einen Anhaltspunkt, wie er der Person aus dieser Perspektive dienen kann. Jedes Wort, jeder Blick, jede Bewegung weist Ihnen die Richtung zu dem, was die Person wirklich wünscht.

Allem und jedem zuzustimmen, macht Sie zu einem Schwächling. Jeden zu akzeptieren macht Sie professionell. Ich hör mich oft sagen, „Ich sehe es anders." Ich kann anderer Meinung sein ohne unangenehm zu sein. Aber ich erlaube es mir nicht, zu denken oder zu sagen, dass die andere Person falsch liegt. Ich weiß, dass sie irgendwo Recht hat, auch wenn ich manchmal etwas Zeit brauche, um es zu sehen.

Teilen Sie Ihre Berufung mit

Verkaufen ist einfach, wenn Sie an die Menschen verkaufen, die mit Ihnen die gleichen fundamentalen Werte teilen. Alle Menschen teilen den gemeinsamen Wunsch nach einer besseren Welt. Ganz tief in uns sehnt sich jeder nach Frieden und Wohlstand. Menschen gehen verschiedene Wege, um sich diesem Ziel zu nähern.

Wenn Sie Ihre eigenen Werte kennen, dann haben Sie den Grundstein für Ihre Berufung. Sie werden immer wieder am besten mit den Menschen arbeiten, die die gleiche Sache verfolgen. Ideal wäre es, wenn Sie Produkte und Dienstleistungen an diejenigen verkaufen, die Ihre Berufung unterstützen und gleiche Werte im Leben haben.

Wenn die Menschen fühlen, dass der Zweck Ihrer Aktionen weit über Geld verdienen hinausgeht, werden sie Ihnen tiefgründige Menschlichkeit entgegenbringen.

Wollen Sie Ihre Umwelt erhalten? Ist Ihnen Ihre Familie wichtig? Übertreiben Sie nichts, aber lassen Sie die Menschen spüren, wofür Ihr Herz schlägt.

Es funktioniert nicht, dass Sie ein Interesse nur vortäuschen, um Geld zu verdienen. Sie werden immer dort gewinnen, wo Sie gekannt und geschätzt werden, als der Sie wirklich sind. Menschen erkennen in einem Bruchteil einer Sekunde eine vorgetäuschte Fassade. In dem Moment, in dem Sie einen Menschen anlächeln und ihm die Hand geben, hat er Sie bereits x-mal durchschaut. Versuchen Sie nicht jemand zu sein, der Sie gar nicht sind.

Wenn Sie insgeheim ein Unternehmer sind, dies aber verleugnen, und sich in Ihrem stillen

Kämmerlein verstecken, werden Sie wahrscheinlich niemanden täuschen, außer sich selbst. Wenn ökonomische Freiheit zu Ihren Werten gehört, werden Sie in unabhängiger Umgebung viel mehr erreichen, indem Sie ein paar gut überlegte Risiken eingehen. Die Augen sind der Spiegel Ihrer Seele. Menschen sehen in einer hundertstel Sekunde was in Ihrem Herzen los ist, lange bevor sie hören, was Sie sagen. Sie können nicht erfolgreich verkaufen, wenn Ihr Herz nicht dabei ist. Was Sie berührt, ist für jeden offensichtlich. Sie senden Schwingungen aus, die andere gewinnen. Ihr authentisches Ich schwingt im Gleichklang mit den passenden Menschen.

Lernen Sie die Kunst des Dialogs

Der Dialog ist eine spezielle Art, mit Menschen zu reden und zeigt dabei ihre Intelligenz. Er ist ein raffiniertes Gespräch, das die Brillanz und Lebendigkeit von zwei oder mehr Menschen zum Vorschein bringt. Den Dialog gab es schon zur Zeit von Sokrates. Heutzutage nehmen sich nur wenige Verkäufer die Zeit, dies zu erlernen.

Der moderne Fürsprecher des Dialogs war David Boehm, ein Schüler von Albert Einstein. Er war Physiker und Philosoph. Während die meisten Wissenschaftler Vorträge halten, bevorzugte es Boehm, mit Menschen so zu reden, dass ihr natürliches Genie zum Vorschein kam.

Dialog heißt nicht nur, jemanden zu interviewen oder die richtigen Fragen zu stellen. Der Dialog geht weit darüber hinaus. Haben Sie jemals mit einem guten Freund Zeit verbracht, der Sie wirklich verstanden hat? Egal was Sie sagten, es war perfekt. Gegenseitige Wertschätzung durchdrang den ganzen Dialog. Sie fühlten sich verbunden und die Zeit verging im Flug. Die Welt stand still.

Als ich begann, mich von den Launen und Meinungen meiner Mitmenschen unterhalten zu lassen, lernte ich Wertschätzung auszudrücken. Menschen um mich herum ließen ihre Masken fallen.

Während ich diese Techniken selbst lernte, legte ich meinen Schwerpunkt darauf, Charakter zu bilden. Das Feedback meiner Lehrer war nicht immer berauschend. Ich musste jede Menge Stolz und Arroganz aufgeben, um Menschen auf gleicher Ebene anzuerkennen. Verkaufen wurde immer weniger zu einem geistigen Wettbewerb, sondern immer mehr zu einem Gespräch unter Freunden. Meine beruflichen Beziehungen wurden leicht und entwickelten sich ohne Anstrengung.

Überraschen Sie Ihre Kunden

Die schönsten und interessantesten Dinge in Ihrem Leben kommen unerwartet. Ein Ereignis berührt Sie dann, wenn es über das hinausgeht, was Sie erwarten und überschauen können. Menschen kann man durch Worte und Aktionen aufheitern. Eine schöne Überraschung reißt Ihre Kunden aus dem Tagestrott und ermöglicht, dass sie Sie ohne Filter wahrnehmen. Es ist eine großartige Strategie, die Erwartungen Ihrer Kunden zu übertreffen. Durch eine Überraschung bringen Sie ein besonderes Flair in eine Situation. Dinge pünktlich und richtig zu machen, ist ein guter Anfang. Aber etwas Außergewöhnliches erregt die Aufmerksamkeit der richtigen Menschen.

Im Verkauf ist Planung zwar notwendig, sie ist aber nur die halbe Miete. Effektive Menschen beginnen einen Handel mit einem Plan. Der Erfolg kommt oft unplanmäßig durch unerwartete Begebenheiten.

Sie selbst sind eine angenehme Überraschung. Wenn Sie aufhören anderen imponieren zu wollen, werden Sie die Menschen mit Ihrer Natürlichkeit faszinieren. Sie erscheinen in ihrem Leben als eine Persönlichkeit, die eine ganz neue Welt für sie auftut. Anstatt zu versuchen, überraschende Dinge zu tun, schaffen Sie lieber eine professionelle Umgebung, die auf gesundem Chaos aufbaut. Versuchen Sie nicht, alles zu kontrollieren. Als ein Genie, das Chaos beherrscht, multiplizieren Sie Ihren Marktwert. Legen Sie die Schienen, auf denen viele erfolgreiche Menschen zusammen kommen.

Verkauf und Marketing sind festliche Ereignisse. Starten Sie die Party. Bringen Sie den Sinn fürs Feiern in Ihre Karriere. Indem Sie viel telefonieren und Leute treffen, erschaffen Sie einen Raum, in dem glückliche Zufälle passieren können. Bringen Sie alle möglichen Arten von Menschen zusammen. Mischen Sie Visionäre, die frische Ideen liefern, mit Managertypen, die Sie mit den Füssen am Boden halten. Indem Sie mit einer großen Vielfalt von Menschen arbeiten, erhöhen Sie die Wahrscheinlichkeit, dass überraschende Dinge passieren.

Übernehmen Sie die Ziele Ihrer Kunden

Vergessen Sie Ihre eigenen Ziele.

Stellen Sie sich vor, Sie hätten jemanden im Leben, der Ihrem Erfolg absolut verpflichtet ist. Wie wäre es, jemanden zu kennen, der alles gibt, damit sich Ihre Wünsche erfüllen? Jemand, der Sie für Ihre Ziele verantwortlich hält, ohne Ihre Fähigkeiten oder Motive in Frage zu stellen. Sie können Ihren Einfluss erhöhen, indem Sie diese unterstützende Person für Ihren Kunden werden.

Sind Sie auf die Ziele Ihres Kunden ausgerichtet, entsteht ein mächtiges Bündnis. Es ist unmöglich jemandem zu widerstehen, der seinen Wünschen ohne Vorbehalte zustimmt. Indem Sie sich für die Ziele Ihres Kunden einsetzen, erwirken Sie eine noch nie da gewesene Partnerschaft mit ihm.

Fragen Sie Ihren Kunden, was er erreichen will. Bilden Sie sich eine klare Vorstellung davon, was er beruflich und privat vorhat. Lassen Sie ihn spüren, dass Ihnen seine Ziele wichtig sind. Verpflichten Sie sich der Erfüllung seiner Wünsche.

Sie sind ein Mitglied der Teams Ihres Kunden. Seine Ziele sind Ihre Ziele. Jedes Mal, wenn Sie ihm helfen, den nächsten Schritt zu tun, verstärken Sie die Verbindung die zwischen Menschen entsteht, die im selben Team sind.

Sie können Ihr Spiel nicht alleine spielen. Wenn Sie einem Kunden beim Gewinnen helfen, gewinnen Sie. Wenn Ihr Kunde spürt, dass Sie wie ein Teil seiner Firma sind, dann haben Sie eine Beziehung, die andauert. Wenn er etwas braucht, denkt er zuerst an Sie.

Erfolg kommt nicht durch ein einziges Geschäft allein. Auch wenn Sie Ihr heutiges Ziel erreichen, so stehen Sie nächste Woche doch wieder vor der gleichen Herausforderung. Wahrer Erfolg heißt, lebenslange Partnerschaften zu bauen. Wenn Sie wesentlich für die Pläne Ihres Kunden sind, wird er Sie automatisch um Hilfe bitten. Dadurch werden Sie ein notwendiger Teil seines Wachstumsprozesses. Indem Sie ein verlängerter Arm der Firma Ihres Kunden werden, wird er Sie an seiner Entscheidungsfindung beteiligen. Ihr Beitrag geht viel weiter, als ihn zum Kauf Ihrer Produkte oder Dienstleistungen zu bewegen. Sie werden zu einem vertrauten Ratgeber. Ihr Kunde wird anfangen, nach Ihnen zu schauen. Ihr Kunde wird sich darum kümmern, dass auch Sie Ihre Ziele erreichen.

Bauen Sie ein Team

Anhaltender Erfolg braucht ein Team. Nur eine Organisation kann kraftvolle Ergebnisse erreichen. Hinter jedem Superstar finden Sie ein effektives Team, das die Arbeit macht und die Person gut aussehen lässt. Bevor Sie ein Star sein können, müssen Sie lernen, in einem Team zu spielen. Verkauf ist eine Mannschaftssportart und Zusammenarbeit ist dabei das Salz in der Suppe. Interner Wettbewerb (Verkaufswettbewerbe, Büropolitik) zerstört das Vertrauen. Teammitglieder, die sich gegenseitig behindern, zerstören die Verlässlichkeit. Menschen, die sich nicht aufeinander verlassen können, werden unzuverlässig in Bezug auf ihre Ergebnisse.

In der Vergangenheit hat der Erfolg des Einzelnen das Gesamtergebnis einer Kampagne beeinflusst. Helden sind der Stoff, aus dem Legenden und Mythen gestrickt wurden. Dadurch war das Geschäftsleben einfach. Ein gebildeter Mensch konnte ziemlich alles lernen, was es zu wissen gab. Die Geschäftswelt ist heute viel komplizierter, die Produkte sind vielfältiger, die Organisationen komplexer. Verkaufen benötigt ein Team von Spezialisten.

Hoch entwickelte Unternehmen sind in sich verflochtene Kommunikationsmuster. Verkäufer sind gescheite und dynamische Menschen, die es gewohnt sind, selbständig zu denken. Die Besten und Gescheitesten zur Zusammenarbeit zu bewegen, ist wie Flöhe hüten. Jeder einzelne brillante Mitspieler muss Zeit opfern, um die Spielregeln zu lernen. Sie erzeugen das richtige

Umfeld indem Sie Ihr Team anspornen, einen Sinn für gegenseitige Unterstützung zu entwickeln. Menschen, die sich gegenseitig dienen, erzeugen einen Geist, der automatisch dem Kunden dient. Teamarbeit benötigt tiefe Menschenkenntnis. Oberflächliche soziale Fähigkeiten reichen nicht aus. Glücklicherweise besitzen Sie alles, was Sie zur erfolgreichen Zusammenarbeit brauchen. So wie Sie Ihre Familie lieben und Ihre Kinder beschützen, behandeln Sie auch Ihre Kunden und Partner.

Manche Menschen verlieren jegliches Wertgefühl, wenn es ums Geschäft geht. Großartige Verkäufer bleiben sich selber treu. Sie berühren andere Menschen sehr tief, auch in der beruflichen Welt.

Geben Sie Anerkennung

Wenn das, was Sie sagen, widerspruchsfrei die Wirklichkeit widerspiegelt, werden die Menschen anfangen, Ihnen zu glauben. Anerkennung ist eine positive und knackige Art auszusprechen, wie es ist.

Menschen werden Schmeicheleien schnell überdrüssig. Unehrliche Komplimente erzeugen Misstrauen. Es gibt einen sauberen Weg, Menschen wissen zu lassen, dass man sie schätzt. Anerkennung ist eine kraftvolle Aussage, die Aufmerksamkeit von Menschen anzieht, indem ehrlich gesagt wird, was ist. Anerkennung bringt die Menschen mit Ihnen auf den gleichen Nenner. Es wird für alle sichtbar, was wirklich passiert.

Um eine Person anzuerkennen, beschreiben Sie etwas, was sie getan hat oder Sie zeigen eine ihrer Qualitäten auf, die Sie wertschätzen. Anerkennung teilt eine spezielle Sache mit, gerade so, wie sie ist. Es ist eine einfache, ehrliche Spiegelung einer offensichtlichen Wahrheit, dargelegt in einer positiven Weise.

Kritik löscht das Licht in den Augen der Menschen aus. Anerkennung jedoch stärkt ihr Selbstbewusstsein.

„Ich sehe, Sie haben neue Produkte im Angebot" ist eine Anerkennung.

„Ich mag Ihre Produkte" ist ein Kompliment.

„Ihre Produkte sind kläglich" ist eine Kritik.

Anerkennung ist die neutrale und präzise Beschreibung eines Ereignisses oder eines Zustands. Ob Sie eine Anerkennung gegeben haben, erkennen Sie daran, dass Ihre Kunden unbeabsichtigt nicken und sagen: „Ja, genau."

Meinungen interessieren nicht. Unumstößliche Fakten, in einer positiven Weise gesagt, haben großen Einfluss auf andere Menschen. Keiner kann einer genauen Anerkennung widerstehen. Die meisten erfolgreichen Verkäufer wenden ein professionelles Muster in der Kommunikation an. Neun Anerkennungen gehen einer Bitte oder Empfehlung voraus. Dieses Vorgehen erzeugt eine Aufmerksamkeitsbrücke. Ihre Aufmerksamkeit geht zum Kunden, während seine zu Ihnen geht. Wir sind fasziniert, wenn jemand uns in die Augen schaut und ehrlich sagt, wie es ist.

Anerkennung bringt Ihnen einen hohen Grad an Interesse. Wir wollen alle das Bestmögliche erreichen. Sie bekommen am meisten zurück, wenn Sie Ihre Kunden anerkennen. Wenn Sie Zeit und Mühen investieren, um gute Seiten an einem anderen Menschen zu entdecken, legen Sie das Fundament für Ihren Erfolg der nächsten Jahre. Anerkennung ist eine Investition von Zeit und Energie, die sich mit hohen Renditen bezahlt macht. Ein paar Minuten ehrlichen Interesses und genauen Nachdenkens können Tausende, ja Hunderttausende Euros einbringen.

Erinnern Sie sich, warum Sie verkaufen

Wenn Sie entspannt sind und den Augenblick genießen können, sind Sie wie frischer Wind für Ihre Kunden. Wenn Sie entspannt und locker sind, bringen Sie auch anderen Leichtigkeit. Ihr Vergnügen ist der wichtigste Aspekt des Anziehungsprinzips im Verkauf. Professionelle Verkäufer gehen ihrer Arbeit nach, um ihre Lebensqualität zu steigern. Wenn Sie sich nicht selbst erfreuen können, werden Ihre Kunden Sie langweilig finden. Sie werden Ihren Druck spüren und Ihnen widerspiegeln. Menschen werden mehr Zeit mit Ihnen verbringen, wenn es Spaß macht, mit Ihnen zusammen zu sein. Das alte Verkaufen unterstreicht die Sorgen des Kunden. Natürlich ist es nützlich, jemanden von seinen Sorgen zu entlasten, aber das kann jeder. Die neue Art des Verkaufens konzentriert sich auf die Erfüllung von Wünschen. Die Fähigkeit, die wahren Wünsche des Kunden zu entdecken, gibt Ihnen einen strategischen Vorteil. Menschen fühlen, dass Sie sie wirklich kennen, wenn Sie auf ihre innersten Bedürfnisse reagieren.

Es liegt in der menschlichen Natur, Vergnügen zu suchen und Schmerzen zu vermeiden. Fragen Sie Menschen, was sie mögen. Hören Sie aufmerksam zu. Achten Sie darauf, wann sie sich bei einem bestimmten Thema besonders entspannen. Diese Sache, die sie von ihrem inneren Druck befreit, ist der Schlüssel, ihre Aufmerksamkeit zu erreichen und zu behalten.

Beschäftigte Menschen haben heute wenig Zeit. Sie wollen ein Meeting schnell hinter sich bringen.

Aber immer öfter halten meine Kunden die Uhr an, wenn ich sie besuche. Sie sagen Termine ab und geben mir ihre ungeteilte Aufmerksamkeit. Dies passiert deshalb, weil ich mich auf die Aktivität beziehe, die ihnen Vergnügen bereitet.

Sind sie gestresst, wenn ich eintrete, so sind sie normalerweise entspannt und lachen, wenn ich wieder gehe. Und weil wir unsere gemeinsame Zeit genießen, denken sie an mich, wenn sie etwas brauchen. Sie rufen wegen etwas an, was ich anbiete. Oft fragen sie mich an, um Empfehlungen zu erhalten für Dinge, die ich nicht anbieten kann. Indem ich an all ihren Bedürfnissen Interesse habe, werde ich zu einer Quelle, auf die sie sich verlassen können.

Manchmal schicken Kunden ihre Freunde, nur um mich kennen zu lernen. Ich sammle eine Gruppe von Menschen mit hoher Integrität, welche es auf natürliche Art genießen, zusammen zu arbeiten. Wir treffen uns zum Essen. Wir gehen spazieren oder treiben gemeinsam Sport. Wir sprechen und hören zu. Ich baue an lebenslangen Freundschaften indem wir uns gemeinsam vergnügen.

Viele Käufer treffen zwanzig, dreißig oder mehr Verkäufer am Tag. Sie haben alles schon einmal gehört. Dadurch, dass ich entspannt bin, hebe ich mich ab. Es macht mich so klar, dass ich ihnen meine ungeteilte Aufmerksamkeit geben kann. Ich betone das Vergnügen. Verkaufen kommt von allein.

Menschen erinnern sich an mich. Sie freuen sich schon auf meinen nächsten Besuch. Mein Besuch inspiriert. Unser Lachen erhellt ihren Tag und bildet ein professionelles Band, das Wochen und Jahre überdauert.

Seien Sie Trainer und Coach

Ein großartiger Coach ist beliebt. Menschen entwickeln automatisch Widerstände gegen Verkäufer. Lernen und benützen Sie die Strategien von professionellen Coachs und werden Sie eine Quelle der Inspiration für Ihre Kunden. Der Fokus eines Verkäufers ist, sein Produkt abzusetzen. Ein Coach ist an seinem Kunden interessiert. Lenken Sie die Aufmerksamkeit von Ihnen selbst weg. Entdecken Sie die Qualitäten Ihrer Kunden. Dann ist Ihnen der dauerhafte Respekt Ihrer Kunden sicher. Ein Coach ist dazu da, das Beste in Ihnen hervorzuholen. Ihr Coach ist auf Ihrer Seite. Die meisten Menschen haben schon erlebt, dass ein Coach einen großen Unterschied in ihrem Leben bewirkt hat. Vielleicht war es ein Lehrer, ein Vorbild oder ein Freund.

Wenn Sie ein Coach sind, nehmen Sie auf Ihren Kunden uneingeschränkte Rücksicht. Verstärken Sie Ihre schützende Natur, indem Sie gütig sind. Sie sind ein Mensch, der mitfühlen kann und der sich ernsthaft um andere bemüht. Lassen Sie dieses Gefühl in den Verkauf übergehen.

Traditioneller Verkauf ist auf die Ziele des Verkäufers ausgerichtet. Coaching ist auf die Erfüllung der Kundenwünsche ausgerichtet. Anstatt ein Produkt oder eine Dienstleistung zu verkaufen, wecken Sie Verlangen danach. Zwingen Sie Ihre Kunden nicht zum Kauf. Bringen Sie sie dazu, kaufen zu wollen.

Wer sind Ihre Vorbilder? Viele Menschen haben große Coachs in der Reihe ihrer Vorbilder.

Menschen verehren Coachs, die sie inspirieren. Fast jeder kennt einen inspirierenden Coach oder Mentor, aber nur wenige Verkäufer sind bekannt und beliebt. Statt Ihre Produkte oder Ihre Dienstleistungen zu verkaufen, helfen Sie Ihren Kunden, sich persönlich weiter zu entwickeln. Coachs sind nicht auf Profit aus. Sie sind darauf aus, Menschen zu entwickeln. Die besten Verkäufer helfen andere, sich weiter zu entwickeln. Diese Menschen bleiben Ihnen dann lebenslang verbunden. Indem Sie an eine Person glauben und ihr das Beste abverlangen, sammeln Sie ein Team von Verbündeten, das in guten und schlechten Zeiten zu Ihnen steht. Coachen heißt, leidenschaftliche, Mut machende Beziehungen aufzubauen.

Lernen Sie, Vitalität zu erkennen

Die meisten Dinge, die wir lernen, vergessen wir auch wieder. Menschen werden in Motivationstrainings euphorisch gestimmt. Diese Euphorie hält circa eine Woche an, das Gelernte meist nicht viel länger - so wie gute Vorsätze zum Jahreswechsel nach wenigen Tagen vergessen sind.

Es gibt eine Art, tiefgreifender zu lernen. Die Fähigkeiten, die Sie durch Übungen und durch Feedback erwerben, wachsen mit der Zeit weiter. Wenn Sie lernen wahrzunehmen, wie Sie auf andere wirken, wird Ihr Lernfortschritt mit jeder Aktion weitergehen. Jedes Mal wenn Sie sprechen, werden Sie bemerken, wie sich der Gesichtsausdruck Ihres Gegenübers aufhellt oder verdunkelt. Wenn Sie seine Neugier wecken, lebt ihr Gesprächspartner auf. Wenn Sie ihn mit unnützen Informationen langweilen, lässt seine Vitalität nach und seine Augen versinken tiefer in den Augenhöhlen.

Bei genauer Beobachtung der Vitalität der Augen, der Körperhaltung und der Haut, lernen Sie wahrzunehmen, wann Sie jemanden begeistern oder demotivieren. Wenn Sie das einmal gesehen haben, werden Sie mit jeder Begegnung sensibler für andere.

Wie von selbst beginnen Sie neue Strategien zu entwerfen, um Menschen zu geben, was sie wollen. Sie beginnen, Ihre eigene Verkaufsphilosophie zu entwickeln. Ihr Kunde ist nicht da, um dominiert zu werden. Er bringt seine Einwände nicht vor, damit sie übergangen werden. Ihr Kunde will Ihnen helfen. Er will kaufen. Er will bedient werden.

Wenn Sie lernen Ihre Wirkung wahrzunehmen, werden Sie erschrecken, wie oft Sie Menschen langweilen und abstoßen. Von frühen Kindesbeinen an wurde uns beigebracht, unsere Ziele auf Kosten anderer zu erreichen. Das Erziehungssystem lehrt Gewinner-Verlierer-Strategien und Verlierer-Verlierer-Strategien. Ein Spiel mit zwei Gewinnern benötigt eine besondere Vorgehensweise und die Fähigkeit, aus eigenen Erfahrungen zu lernen. Entwickeln Sie Ihre Kommunikationsfähigkeit. Gehen Sie in jedes verfügbare Seminar, das Ihren Selbstausdruck fördert, oder das Ihnen ermöglicht, Menschen genauer wahrzunehmen. Die Grundlage für Ihr Geschäft ist der Mensch. Wenn Ihre Menschenkenntnis wächst, so wächst auch Ihr Geschäft. Großartige Verkäufer lernen ständig. Die wichtigste Fähigkeit, die Sie sich aneignen können, ist Menschen zu begeistern.

Bauen Sie Ihr Business-Netzwerk

Ein Fischer fängt mehr Fische, wenn er seine Angel gegen ein Netz eintauscht. Sie können mehr verdienen, wenn Sie Ihren individuellen Stil einem erprobten und wirksamen Stil annähern. Sie können alle Ihre Kunden und Geschäftsbeziehungen in ein lebenslang haltbares Netzwerk verwandeln, in welchem Sie und Ihre Firma im Gespräch bleiben. Eine Spinne webt ihr Netz, aber dann macht das Netz die ganze Arbeit. Sie können jedem Treffer einzeln nachjagen, oder Sie erzeugen ein Netzwerk in dem viele Menschen Sie empfehlen. Jeder einzelne macht die Arbeit. Die Verbindung zwischen den Menschen erzeugt die Resultate. Es mag unproduktiv scheinen, sich auf langfristige Verbindungen zu konzentrieren, obwohl der Verkaufsabschluss sofort gebraucht wird. Mit anderen in Kommunikation zu stehen und die Kommunikation aufrecht zu erhalten, erzeugt ein System von Beziehungen, das schließlich Ihr Leben leicht macht.

Networking ist eine starke Verkaufsstrategie, die viele Menschen in Ihr Spiel gewinnt. Ihr Netz gehört Ihnen nicht allein. Es gibt Ihnen Gelegenheit, anderen Menschen das zu geben, was sie brauchen. Es stellt auch Verbindungen zur Verfügung, welcher sich die Kunden selbst bedienen. Für professionelle Dienstleistungen empfehlen Sie den einen an den anderen bis Sie ein Netzwerk von interessanten Menschen geknüpft haben.

Business ist ein System. Lassen Sie das Netzwerk die Arbeit für Sie tun. Die Verbindung zwischen Menschen, die ihre Informationen teilen, ist stärker als die Genialität einer einzelnen Person. Gemeinsame Intelligenz ist ungeheuer groß. Das Post-Informationszeitalter ist komplex. Es gibt zu viel zu wissen und zu viel zu tun für eine einzelne Person. Stellen Sie sich vor, Sie stehen allein gegen den Rest der Welt. Nun stellen Sie sich vor, es gibt Dutzende und Hunderte von Menschen, die Ihre Ziele unterstützen. Ein Geschäft ist wie ein Netz. Wenn das Netz reißt, entweichen die Fische. Mit der Zeit können andere durch Ihr Beispiel lernen, ehrlich und verlässlich zu werden. Das Netz wirkt selbstregulierend dadurch, dass zuverlässige Menschen ihren sicheren Platz im Netzwerk einnehmen. Das ist das Wesen eines selbst-organisierenden Systems, in dem alle Team-mitglieder selbst starten und für die Beendigung von Aufgaben verantwortlich sind. Es gibt keine Autoritäts- oder Aufsichtsperson, die Faulenzer antreibt. Jeder lernt und wächst in seiner Effektivität, oder er geht wieder.

Ein Geflecht von Menschen, die kaufen und verkaufen, erzeugt eine starke Kraft. Wenn Sie sich mit ein paar ehrlichen Menschen verbünden, bleiben sie Ihnen treu, selbst wenn sie ihren Arbeitgeber wechseln oder eine eigene Firma gründen. Wenn Ihre engsten Freunde aufsteigen oder weitergehen, nehmen sie Sie mit und führen Sie auf neuen Märkten ein. Ihr Netzwerk bleibt Ihnen lebenslang erhalten.

Erzählen Sie Geschichten, die Neugier wecken

Seit uralten Zeiten haben sich die Menschen um ein Feuer versammelt, um Erfahrungen auszutauschen. Geschichten erzählen ist ein grundlegender Weg, um andere Menschen fühlen zu lassen, was wir selbst fühlen und sie sehen zu lassen, was wir selbst sehen. Geschichtenerzähler wecken die Vorstellungskraft und geben dem Leben einen höheren Sinn. Jeder liebt den Geschichtenerzähler.

Verkaufen vollzieht sich in drei Schritten. Zuerst erzeugen Sie Neugier für Ihre Dienstleistung oder Ihr Produkt. Als zweites laden Sie zum Kauf ein. Wenn es Zögern oder Einwände gibt, dann ist Schritt drei, Ihre Erfahrung über das Produkt oder den Service mitzuteilen. Dann gehen Sie zurück zu Schritt zwei und laden erneut zum Kaufen ein. Es funktioniert wie das Hüpfspiel im Kindergarten:

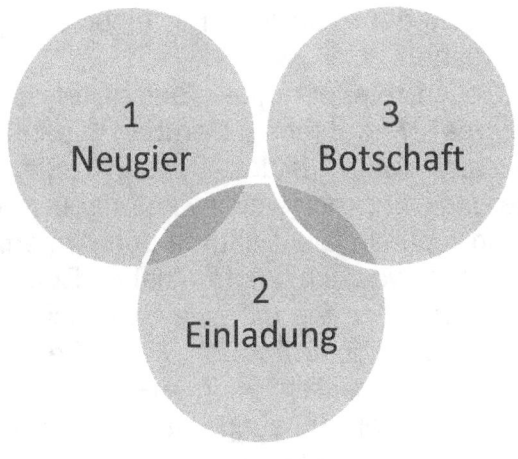

Schritt zwei ist Dreh- und Angelpunkt. Ihre Einladung gibt dem Kunden die Möglichkeit, eine Wahl zu treffen. Schritte eins und drei stellen ein Spielfeld zur Verfügung. Neugierde erzeugen und persönliche Erfahrungen mitteilen führen den Kunden zurück zu dem Punkt, an dem er seine Kaufentscheidung treffen kann.

Geschichten erzählen ist das Handwerk, in dem man Sätze als Werkzeuge einsetzt, um ein Produkt klar zu beschreiben und zu bewirken, dass Menschen es kaufen wollen. Gute Erzähler fesseln die Aufmerksamkeit und bewegen Menschen.

Der echte Verkäufer beschreibt wahre Begebenheiten in einer Art und Weise, die das Herz höher schlagen lassen. Der reinen Information fehlt die Magie, um die Vorstellungskraft zu beflügeln. Der sprühende Funke, der die Menschen bewegt, kommt von der Vorstellungskraft einer anderen Person. Sie muss zwischen den Zeilen herausgelesen werden. Wenn Sie die richtige Geschichte erzählen und die richtige Metapher benützen, füllen die Menschen die Leerzeichen mit ihren eigenen Ideen. Sie fühlen, dass Sie zu jedem von ihnen in einer einzigartigen Weise sprechen.

Das Geschichtenerzählen beinhaltet alle drei Schritte des Verkaufens. Darüber hinaus ist es unterhaltsam und bildet. Wenn Sie meine Begeisterung wecken wollen, springen Sie nicht herum und fuchteln Sie nicht mit den Armen. Sagen Sie mir nicht, was ich zu tun habe. Belehren Sie mich nicht. Erzählen Sie mir eine Geschichte.

Eine gute Geschichte braucht keine Deutung oder Erklärung. Wir genießen sie gemeinsam. Sie bringt uns einander näher. Sie steigert unsere gemeinsame Intelligenz. Wenn ich etwas erkläre, beraube ich den

Kunden der Chance, seine eigenen Möglichkeiten zu entdecken. Geschichten erzählen verwendet das Element der Überraschung, um anzuziehen und aufzuheitern.

Passen Sie sich wechselnden Gegebenheiten an

Wir sind versucht zu denken, dass wir schon wissen, wie es läuft. Der Fehler, der uns die meisten Kunden kostet, kommt durch unbewusste Annahmen darüber, was andere wollen. Die wechselnden Wünsche der Menschen erzeugen Veränderungen im Markt. Viele Geschäfte bleiben auf der Strecke, weil wir es versäumen, auf Veränderungen zu achten und darauf zu reagieren, was Menschen wirklich wollen.

Neugierige Menschen legen Wert auf genaue Unterscheidungen. Haben sich die Bedürfnisse meiner Kunden seit dem letzten Monat verändert? Hüten Sie sich vor den Bildern in Ihrem Kopf. Ihre Erfahrungen sind wertvoll, aber sie halten Sie nicht auf dem Laufenden. Ihre Erinnerungen sagen Ihnen nicht, was vor Ihren Augen passiert.

Wachsamkeit und Demut sind hilfreich, um Ihren Blick für Veränderungen zu schärfen. Im Sturm und auf einer schlechten Straße fährt der beste Fahrer langsam. Ist er sich der Gefahr bewusst, wird der Mutigste aufmerksam und reaktionsbereit sein. Es ist nicht leicht, unsere Aufmerksamkeit ständig auf Kunden gerichtet zu halten. Die Gefahr sie zu verlieren, ist nur schwer zu erkennen. Zwingen Sie sich dazu, jeden Tag wahrzunehmen, was anders ist. In der Geschäftswelt überlebt der Fitteste. Das heißt, Sie müssen sich schneller anpassen als andere. Nehmen Sie Unterschiede wahr, haben Sie den entscheidenden Vorsprung.

Sie sind sicher schon einmal durch einen Wald gegangen. Sind Sie auch schon einmal durch einen Baum gegangen? Den Unterschied zwischen einem Wald und einem Baum zu erkennen ist sehr wichtig. ‚Mustererkennung' ist eine Beobachtungsmethode, die Ihnen Unterscheidungen zur Verfügung stellt, die andere nicht haben. Verhaltensmuster und Kommunikationsmuster geben Ihnen wertvolle Hinweise über die wechselnden Bedürfnisse, die Ihren Markt ausmachen.

Bemerken Sie, wie Sie dieses Buch lesen. Worin unterscheidet sich diese Information von dem, was Sie bereits wissen und woran Sie glauben? Menschen mit begrenztem Blick neigen dazu, alles was sie sehen und hören als schon bekannt abzustempeln. Neugierige Menschen lassen sich von Ideen in einer neuen Weise berühren. Der Verstand sieht jedes Ding wie jedes andere, nur unterschiedlich. Kluge Menschen bemerken, wie einzigartig jedes Ereignis und jeder Mensch ist. Wenn Sie Unterschiede wahrnehmen, können Sie sich anpassen.

Business hat sich zu einem neuen Spiel mit neuen Regeln entwickelt. Viele Begriffe hören sich gleich an – Zuhören, Werte, Nutzen – aber ihre Bedeutungen haben sich verändert. Um sich anzupassen müssen Sie hören, was nicht gesagt wird. Anpassung heißt, sich selbst zu ändern als Reaktion auf die Bedürfnisse Ihrer Kunden. Das Paradox ist, je mehr Sie sich anpassen, um anderen entgegen zu kommen, desto mehr entdecken Sie Ihr wahres Selbst.

Trainieren Sie wie ein Athlet

Haben Sie sich jemals gewundert, warum manche Verkäufer mehr erreichen als andere? In jedem Verkaufsteam sind ein paar Superstars, die doppelt so viel umsetzen, manchmal zehnmal so viel wie andere. Warum ist das so? Haben sie mehr Talent? Die einfache Wahrheit ist, dass es keine geborenen Verkäufer gibt. Ich habe hervorragende Ergebnisse von extrovertierten Menschen gesehen, genauso wie von schüchternen, introvertierten. Es gibt großartige Verkäufer mit hohem und niedrigem Intelligenzquotienten. Spitzenergebnisse werden von talentierten und untalentierten, attraktiven und unattraktiven, forschen und ruhigen Menschen erreicht.

In der abschließenden Analyse gibt es nur ein Kriterium, das die Spreu vom Weizen trennt – sie trainieren stetig. Lassen Sie mich noch einmal erinnern, dass im Verkauf das Können die zentrale Fähigkeit ist, um Erfolg zu haben. Kontinuierliche Verbesserung ist das Geheimrezept in der Karriere von herausragenden Verkäufern.

Großartige Koryphäen in der Geschäftswelt erreichen die Spitze, weil sie besser verkaufen können als andere. Legendäre Führungspersönlichkeiten wie Elon Musk können ihre Produkte verkaufen, ihre Firma und ihre Vision. Sie gewinnen jeden, dem sie in ihrem Spiel begegnen. Sie erlernen diese Fähigkeit durch kontinuierliche Verbesserung.

Der beste Verkäufer, den ich jemals traf, war ein einfacher Mann. Sein Benehmen war bescheiden und entwaffnend. Ich ertappte mich dabei, wie ich ihm Verkaufstipps gab. Dann entdeckte ich, dass er einer von den Top-Leistungsträgern des Landes war. „Warum haben Sie zugelassen, dass ich Ihnen gute Ratschläge gebe", fragte ich „wenn Sie mehr als ich wissen?" „Ich habe noch nie jemanden getroffen, von dem ich nicht lernen konnte", sagte er. An diesem Tag habe ich etwas gelernt.

Olympiaathleten sind immer im Training. Ob sie fernsehen oder Zeit mit Ihrer Familie verbringen, ständig sieht man, wie sie einen Plastikball drücken oder für ein paar Liegestütze auf den Boden gehen. Training ist der Hintergrund von allem, was sie tun. Wenn Sie für kleine Ergebnisse hart arbeiten wollen, so vermeiden Sie Training. Wenn Sie hart arbeiten und herausragende Ergebnisse erreichen wollen, sollten Sie dauernd trainieren, als ob Sie sich für einen Sieg bei Olympia vorbereiteten.

Stellen Sie Verkaufen an die erste Stelle

Stellen Sie sich einen Jäger vor, der lieber mit seiner Familie zusammen ist, anstatt zu jagen. Solange reichlich da ist, überleben sie. Wenn die Bedingungen sich verschlechtern, fällt seine Familie der Gemeinschaft zur Last. Es entsteht Ablehnung. Frustriert verlässt ihn letztlich seine Frau. Er verliert die Sache, die ihm am meisten bedeutet.

Verkaufen ist ein Handwerk. Manchmal steigt es zu einer Kunst auf, aber meistens ist es einfach harte Arbeit. Verkaufen braucht Hingabe. Es gibt Regeln, die für alle gleich sind. Jeder kann lernen, effektiv zu verkaufen. Aber Professionalität hat höchste Priorität. Andernfalls werden Sie nicht das notwendige Training oder die Praxis haben, um Ergebnisse zu produzieren. Großartiges Verkaufen setzt Charakter und Technik voraus. Dies sind die Werkzeuge dieses Handwerks.

Haben Sie einmal Verkaufen als Karriereweg gewählt, müssen Sie eine weitere Entscheidung treffen. Wollen Sie gut verdienen oder wollen Sie sich quälen, um über die Runden zu kommen. Die großartigen Leistungsträger in allen Branchen sind diejenigen, die ihr Spiel zur höchsten Priorität erklären. Ironischerweise verbessern sich alle anderen Bereiche Ihres Lebens, wenn Sie Ihr Handwerk an erste Stelle setzen.

Der Grund für das Scheitern im Leben ist meistens Geldmangel. Geldprobleme zerstören Geschäfte, Familien und Freundschaften. Mit Geld kann man zwar kein Glück oder Treue kaufen, aber Geld erzeugt eine Umgebung, in der diese Qualitäten blühen können.

Man benötigt genauso viel Zeit und Energie für eine exzellente Karriere wie für eine mittelmäßige. Es gibt eine Zeit zum Leben und eine Zeit zum Sterben. Es gibt eine Zeit zum Arbeiten und eine Zeit um auszuruhen. Geben Sie dem Verkauf den Respekt und die Aufmerksamkeit, die nötig ist. Die Belohnung fließt in jeden Aspekt Ihres Lebens. Materialismus ist nicht unmoralisch. Er zerstört nicht die Umwelt. Ganz im Gegenteil. Wenn Sie ein Produkt liefern oder eine Dienstleistung erbringen, an die Sie glauben, werden Sie die Lebensbedingungen für die gesamte Weltwirtschaft verbessern. Einer produziert. Einer transportiert. Einer verkauft. Einer kauft. Einer benutzt es. Verkauf erzeugt ein unsichtbares Netz von nützlichen Verbindungen, das Familien ernährt. Wohlstand gibt uns die Fähigkeit, saubere und ausgereifte Produkte zu entwerfen, zu erzeugen und sie besser zu produzieren.

Was auch immer Ihre Werte sind, stellen Sie Verkaufen an die erste Stelle. Diese Sichtweise wird Ihre anderen Werte unterstützen. Effektiver Verkauf bringt Ihnen die materiellen Güter und lässt Sie die Früchte Ihres Lebens ernten, die das Leben wertvoll, erfüllt und lebenswert machen.

Erweitern Sie Ihren Horizont

Verkäufer sind oft Spezialisten. Die meisten finden es einfacher, entweder materielle oder immaterielle Dinge zu verkaufen. Wenn Sie Weiterbildung besser verkaufen können als Autos, dann nehmen Sie sich Zeit und lernen Sie, materielle Dinge zu verkaufen. Wenn Sie Produkte leichter verkaufen als Dienstleistungen, finden Sie eine Umgebung, in der Sie lernen können, Ideen zu verkaufen.

Als Michael Jordan bemerkte, dass sein Dribbeln mit der linken Hand schwach war, verbrachte er die ganze Zeit zwischen zwei Spielsaisons, um seine linke Hand zu trainieren. Menschen haben zwei Augen, zwei Beine und zwei Arme. Selbst unser Gehirn hat eine linke und eine rechte Hälfte. Indem Sie Ihre andere Seite entwickeln, aktivieren Sie starke Lernstrategien.

Wenn Sie lernen, anderen Gesichtspunkten mehr Respekt entgegen zu bringen, werden Sie viel mehr Freunde haben. Jemand, der Maschinen verkauft, erkennt vielleicht nicht den Wert von Seminaren oder von persönlichem Coaching. Nehmen Sie sich jedoch die Zeit, in ein Gebiet vorzustoßen, das für Sie nicht so einfach zu verstehen ist, erweitern Sie dadurch die Fähigkeit, mit unterschiedlichen Menschen in Beziehung zu treten.

Einer meiner Freunde lehnte berufliche Weiterbildung außerhalb seines Arbeitsgebietes ab. Er meinte, dass Produktkenntnisse für seine Arbeit ausreichend wären. Als ich ihn schließlich dafür gewinnen konnte, einige Kurse über zwischenmenschliche Beziehungen zu besuchen, erhielt er unerwartet einen dreifachen Nutzen.

Zum einen ist seine Verkaufsfähigkeit für sein Produkt gewachsen. Zum zweiten entdeckte er einen ganz neuen Kundenkreis für sein Produkt: Lehrer sind schließlich auch Käufer. Und drittens hat sich sein Privatleben verbessert, da er nun besser gelernt hatte, mit anderen Menschen in Beziehung zu treten. Ärgern Sie sich nicht über Ihre Schwächen. Konzentrieren Sie sich auf das, was Sie am besten können, aber ignorieren Sie nicht die Gebiete, auf denen Sie sich entwickeln können. Erweitern Sie Ihren Horizont und entdecken Sie neue und andere Bereiche. Öffnen Sie den Teil in Ihnen, der nicht so gern nach Neuem sucht. Das Resultat ist das Risiko wert.

Entwerfen Sie offene Fragen. Lassen Sie zu, dass andere Sie lehren. Menschen lieben es zu reden. Zuhören macht sie schnell überdrüssig. Die Lieblingsthemen der meisten Menschen sind sie selbst. Sie wollen ihre Hoffnungen und Ängste mitteilen. Sie wollen jedem von ihren Familien, von ihren Talenten und ihren Heldentaten erzählen. Der Person, die sie reden lässt, schenken sie ihre Aufmerksamkeit. Fragen sind Werkzeuge, die Herzen und Gedanken öffnen. Ein guter Verkäufer hat eine gut ausgestattete Werkzeugkiste mit offenen Fragen. Was machst du gern? Was ist dir wichtig? Erzähl mir von deiner Firma.

Mit geschlossenen Fragen erreicht man ein Ja oder Nein als Antwort, sie beenden ein Gespräch. Offene Fragen lassen Menschen sich selbst ausdrücken. Menschen bringen Gedanken hervor, die Sie anders niemals hören. Sie werden in einer bestimmten Reihenfolge zu Ihnen sprechen, an der Sie genau erkennen, wie Sie an sie verkaufen können.

Über die Autoren

Dylan Watts

Dylan Watts ist Vollblut-Unternehmer, Visionär und Abenteurer. Seine Passion: Menschen befähigen und wachsen lassen!

Als professioneller Trainer, Business Coach und Mentor unterstützt er innovative Menschen und Firmen.

Durch seinen Background aus Natur und Landwirtschaft hat er ein besonderes Bewusstsein für gesunde Entwicklungsprozesse, Nachhaltigkeit und langfristigen Erfolg. Er bricht veraltete Strukturen auf und führt die Einzelteile zu Harmonie und Teamspirit wieder zusammen.

Als People Grower ist sein Ziel, die verborgenen Talente und Fähigkeiten von Menschen ans Licht zu bringen. Er bringt neben Kreativität und Begeisterung in Menschen das versteckte Genie hervor. Er macht sie nicht nur zu herausragenden Leistungsträgern, sondern begleitet sie auch darin, aus ihren Wünschen und Träumen einzigartige Innovationen zu entwickeln.

Sein Herz schlägt für die Themen Verkauf und Leadership. Hierbei kann er auf eine langjährige Erfahrung aus seinen eigenen Firmen zurückblicken.

Als Ende der 80er Jahre die Landwirtschaft bergab ging, startete er ohne Verkaufserfahrung und mit zitternden Knien als Straßenverkäufer seine Karriere. Seine Einsatzbereitschaft und sein fester Glaube zeigten schließlich, dass jeder, wenn er will, alles erreichen kann. Schon einige Zeit später belieferte er türkische Gemüsehändler auf den Großmärkten Deutschlands. Sein Anspruch an seine Geschäftsbeziehungen drückt er in einem Satz aus: „Deine Kinder werden noch mit meinen Kindern Geschäfte machen". Am Ende versorgte er die Big Five des Lebensmitteleinzelhandels mit Gemüse. Sein Beispiel zeigt: Verkaufen kann jeder erlernen.

Heute ist Dylan Watts der Experte im Bereich People Skills. Gern gibt er jedem, der an Wachstum interessiert ist, die Möglichkeit, an seinen weitreichenden Erfahrungen teilzuhaben.

Dr. Gerhard Dollansky

Wenn Sie schon einmal einfache und verständliche Software verwendet haben, dann verstehen Sie, was Gerhard Dollansky macht. Er ist Spezialist darin, komplizierte Anwendungen so zu vereinfachen, dass sie jeder intuitiv verstehen und verwenden kann. Damit hat er sich in der IT einen Namen gemacht. Seine benutzerfreundlich gestaltete Software wird heute von nahezu allen industriellen Kunden und Großhändlern eingesetzt. „User-friendly" ist sein übergreifendes Thema.

Auch als Berater greift er auf diese Gabe zurück. Er verwendet die im Buch beschriebenen Werkzeuge, wodurch komplexe Arbeitsabläufe vereinfacht und beherrschbar werden. So können außergewöhnliche Ergebnisse in Qualität und Quantität erzielt werden.

Er sieht die tatsächlichen Vorgänge und kann sie mit Feingefühl kommunizieren. Die üblichen Verkaufstricks haben ihn immer abgestoßen. Ihm war es wichtig, einen Weg zur Kundengewinnung ohne Manipulation zu finden. Einen Großteil seiner Zeit widmete er dem Studium von Softskills. Daraus entstand dieses Buch zum Thema Verkaufen mit Anziehung.

Gerhard Dollansky gibt sein Wissen als Keynote Speaker auf Konferenzen weiter. Er leitet Workshops und Mastermind Gruppen und seine Kunden schätzen ihn als kompetenten Berater und Mentor.

Gerhard Dollansky, ist promovierter Wirtschaftswissenschaftler. Seine Passion ist die koreanische Kampfkunst Taekwon-Do. Der Marathonläufer ist Vater von 2 Kindern und lebt in München.

www.ingramcontent.com/pod-product-compliance
Lightning Source LLC
Chambersburg PA
CBHW070402190526
45169CB00003B/1069